MÉMOIRES

EN FAVEUR DE

L'ALLIANCE AVEC LA RUSSIE

ET CONTRE

L'IDÉE DE LA CONQUÊTE DES BORDS DU RHIN

FAITS EN 1863 ET EN 1868

PAR UN DIPLOMATE

Et publiés en 1895 et en 1897 par la *Revue du Bas-Poitou*

— ✕ —

FONTENAY-LE-COMTE

AUGUSTE BAUD, IMPRIMEUR-LIBRAIRE

GRANDE-RUE, 25-27

—

1897

MÉMOIRES

EN FAVEUR DE

L'ALLIANCE AVEC LA RUSSIE

ET CONTRE

L'IDÉE DE LA CONQUÊTE DES BORDS DU RHIN

FAITS EN 1863 ET EN 1868

PAR UN DIPLOMATE.

Et publiés en 1895 et en 1897 par la *Revue du Bas-Poitou*

————————✳————————

FONTENAY-LE-COMTE

AUGUSTE BAUD, IMPRIMEUR-LIBRAIRE

GRANDE-RUE, 25-27

—

1897

NOTE DE LA RÉDACTION DE LA *Revue du Bas-Poitou*

L'HEUREUX rapprochement qui, ces dernières années, s'est produit entre la France et la Russie, nous semble donner un caractère d'actualité à deux mémoires faits en 1863 par un de nos compatriotes vendéens, attaché alors au Ministère des Affaires étrangères. Dans ces mémoires, on s'efforçait de demander au Gouvernement français, lors de l'insurrection polonaise qui eut lieu à cette époque, de dissiper les illusions d'un peuple infortuné, ce qui eut épargné beaucoup de sang, versé inutilement dans les forêts de la Pologne. En même temps, on demandait au Gouvernement, de conclure une alliance avec la Russie, dont les intérêts, se combinant avec les nôtres, en font l'alliée naturelle de la France. La Russie, en ressentiment du rôle de l'Autriche pendant la campagne de Crimée, avait eu d'ailleurs, vis-à-vis de l'Allemagne, lors de la guerre d'Italie, une attitude favorable à la France, et le service que nous lui aurions rendu, en contribuant indirectement à son œuvre de pacification en Pologne, eût, naturellement, facilité un rapprochement complet.

Notre alliance avec la Russie, les intérêts des deux pays étant les mêmes dans ces questions, aurait vraisemblablement empêché, en 1864, le démembrement du Danemark, et en 1866, la destruction de la Confédération germanique, amenée par l'écrasement de l'Autriche à Sadowa. Cette alliance, enfin, eût empêché la guerre de 1870, car jamais la Prusse n'eût pensé à provoquer, par des candidatures Hohenzollern, la France alliée de la Russie. D'autre part, il eût été difficile à M. de Bismarck d'enlever à la Russie, alliée de la France, le prix de ses campagnes victorieuses contre les Turcs, en 1877-1878, et de mutiler, à Berlin, le traité de San Stéphano. Tant il est vrai que les deux peuples ont besoin l'un de l'autre et, de notre temps, auraient dû toujours être alliés. Au lieu de cela, une campagne diplomatique fut inconsidérément entreprise en 1863, en faveur de la Pologne; elle devait avoir pour conséquence de nous aliéner la Russie qui, nous l'avons déjà dit, s'était montrée favorable à la France, en 1859, malgré la campagne de Crimée, et de nous la rendre hostile, lors de la guerre de 1870. On sait aujourd'hui qu'un traité secret avait été conclu entre la Russie et la Prusse, en vue de certaines éventualités.

Le premier des deux mémoires que nous publions, constituait en quelque sorte, ce nous semble, un véritable programme de politique extérieure, dont la mise à exécution, bien simple et bien facile, eût pu éviter, peut-être, de grands malheurs. A la publication de ces deux documents, nous joindrons celle d'un mémoire adressé deux ans avant la guerre contre l'Allemagne, à M. le marquis de Moustier, alors ministre des affaires étrangères, et dans lequel il était tenu compte des changements qui s'étaient opérés en Europe, depuis qu'un refroidissement s'était produit dans nos relations avec la Russie. Dans ce dernier document, on s'attachait à réfuter l'idée de la conquête des bords du Rhin, préconisée par M. Emile de Girardin, dans la *Liberté*, journal que dirigeait ce publiciste. On y prévoyait en même temps que le rapprochement entre la Russie et la Prusse, amené par notre

impolitique attitude en 1863, rapprochement qui nous a été
si funeste en 1870, finirait par avoir un terme, à cause de
l'antagonisme forcé d'intérêts existant entre ces deux pays.
M. Guizot, à qui la partie de ce mémoire concernant la
question des rapports avec l'Allemagne, avait été montrée en
1871, a dit « qu'étant donné la date à laquelle il avait été fait,
il considérait ce document, au point de vue de la politique
extérieure, comme l'équivalent, au point de vue de l'armée,
des rapports adressés au Ministère de la Guerre par le colonel
Stoffel, attaché militaire à l'ambassade de France à Berlin. »

Dans un récent voyage à Paris, nous avons eu la bonne
fortune d'obtenir communication de ces documents, de leur
auteur, l'un de nos compatriotes vendéens, M. le baron
de Mesnard, propriétaire autrefois de l'antique domaine de
la Bogisière. M. de Mesnard, successivement attaché et
rédacteur à la direction politique du Ministère des Affaires
étrangères, puis Secrétaire de Légation, a, pendant plusieurs
années, et notamment en 1869, quelques mois avant la guerre
avec l'Allemagne, représenté la France à Lisbonne, comme
chargé d'affaires par intérim. Partisan convaincu *de la liberté
religieuse pour tous*, qui, selon lui, doit être, ainsi qu'elle l'est
aux États-Unis, la base d'une société civilisée, M. le baron
de Mesnard s'est retiré de la carrière diplomatique lors des
lois Ferry.

Fontenay-le-Comte, Mars 1897.

MÉMOIRES

EN FAVEUR D'UNE ALLIANCE AVEC LA RUSSIE

ET CONTRE L'IDÉE DE LA CONQUÊTE DES BORDS DU RHIN

FAITS EN 1863 ET EN 1868, PAR UN DIPLOMATE
ET PUBLIÉS EN 1895 ET EN 1897 PAR LA *Revue du Bas-Poitou*

Mémoires relatifs à la question Polonaise et à l'alliance avec la Russie

---

Avant de publier ces pages, nous croyons devoir entrer, pour le lecteur, dans quelques explications. Depuis 1845, époque à laquelle eut lieu la prise d'armes de Cracovie, qui eut pour conséquence l'annexion à l'Autriche de cette ville libre, aucune insurrection ne s'était produite dans les parties de la Pologne démembrée, appartenant soit à la Russie, soit à l'Autriche, soit à la Prusse. Les Polonais semblaient partout s'être résignés à leur destinée. La guerre de 1859, qui eut pour conséquence d'affranchir une partie de l'Italie de la domination autrichienne, et les événements qui suivirent eurent leur contre-coup en Pologne en 1863; des soulèvements partiels se produisirent en Lithuanie et en Wolhynie. Cette insurrection, qui fit verser inutilement des deux côtés tant de sang généreux, ne pouvait pas avoir d'issue; les Polonais devaient être partout écrasés par les forces supérieures dont disposait la Russie, d'autant plus qu'aucune puissance ne pouvait entreprendre l'œuvre chimérique et impossible de la reconstitution d'une Pologne indépendante. On verra, dans les deux mémoires qui suivent, que ni la France, ni même l'Autriche, et pour cette dernière puissance, c'était la première fois que la démonstration en était faite, n'avaient intérêt à revenir sur les faits accomplis et combien l'Alliance de la France et de la Russie était indiquée par les intérêts des deux pays.

I

Paris, 11 mars 1863.

Nous voulons rechercher ici si la France pourrait reconstituer la Pologne, et, dans le cas où cela serait possible, si le rétablissement d'une Pologne indépendante serait favorable à ses intérêts de grande puissance.

En examinant quelles seraient les dispositions dans lesquelles nous trouverions l'Autriche et l'Angleterre, le jour où nous réclamerions leur concours pour coopérer à cette œuvre, nous aurons la réponse à la première question.

L'Autriche, en prenant parti pour nous dans la guerre que nous ferions à la Prusse et à la Russie, perdrait la seule occasion qui puisse lui être offerte de recouvrer la situation que la campagne de 1859 lui a fait perdre en Italie, et, dans cette voie, elle se verrait abandonnée par toute l'Allemagne, par les princes, qui craindraient d'être dépossédés à la suite des remaniements de territoires qui suivraient la guerre, et par les peuples, qui redouteraient avant tout l'ambition de la France, et dont le teutonisme s'enorgueillit des conquêtes faites sur les Slaves (1). Ils considéreraient une guerre contre la Prusse, entreprise par l'Autriche de concert avec la France,

---

(1) On sait qu'en 1848 le Parlement de Francfort a incorporé le grand-duché de Posen à la Confédération germanique.

comme impie. De plus, le concours de l'Autriche ne serait explicable que dans le cas où elle consentirait à faire le sacrifice de la Gallicie, et à la réunir aux provinces polonaises soustraites à la domination de la Russie et de la Prusse.

Quant à l'Angleterre, deux intérêts la partagent : celui de sa domination en Orient, menacé par l'accroissement de la puissance russe, et celui de son existence, compromise à ses yeux, le jour où la France, maîtresse des provinces rhénanes, pourrait prendre la Belgique à revers. Elle a toujours subordonné les craintes que la Russie lui inspire pour les Indes à l'appréhension de nous voir menacer, du port d'Anvers, le sol britannique. En 1807, lorsque l'amiral Duckworth se présenta devant Constantinople, *la cession de la Moldavie et de la Valachie aux Russes* faisait partie de l'*ultimatum* qu'il adressa à la Porte.

L'Angleterre, quel que soit son intérêt à affaiblir la Russie, ne prêtera jamais la main à une guerre, entreprise pour le rétablissement de la Pologne, que s'il est évident que la France n'en pourra tirer aucun agrandissement du côté du Rhin, comme dans le cas, par exemple, où, en 1854, la Prusse et l'Autriche auraient été d'accord avec les deux puissances occidentales pour soulever la question polonaise.

Ne pouvant espérer aucun concours de l'Angleterre ni de l'Autriche et devant, au contraire, tout craindre de ces deux puissances, il est clair que la France ne peut pas seule faire la guerre à la Prusse et à la Russie.

Voyons maintenant quelles pourraient être, pour la France, les conséquences d'une reconstitution de la Pologne.

Le premier résultat de la restauration d'une Pologne indépendante serait de donner à l'Angleterre et à l'Allemagne, que tant d'intérêts unissent contre nous, une entière liberté d'action et de leur ôter tout contrepoids. L'Angleterre n'aurait plus à redouter de voir les flottes d'une Russie amoindrie s'unir avec la nôtre, et l'Allemagne, dont l'unité morale est faite, pourrait, dans un temps donné, imposer à la France son unité politique, sans que nous puissions obtenir aucune compensation. Pendant que la Pologne ressuscitée se livrerait à d'éternels combats contre son implacable ennemie, à l'autre bout de l'Europe la France se trouverait, en face de l'Angleterre et de l'Allemagne, sans un seul allié.

Depuis bientôt deux cents ans, depuis la paix de Nimègue (1678), époque à laquelle la Suède a cessé de nous prêter son concours, la France ne s'est pas agrandie d'une seule province qu'elle ait gardée (¹) et c'est chose facile à expliquer : chaque agrandissement opéré par nos armes a été suivi d'une ligue contre nous des diverses puissances de l'Europe, à laquelle nous n'avons eu à opposer l'alliance d'aucun État puissant, intéressé à ce que la France ne soit pas affaiblie ; c'est l'histoire des guerres closes par le traité d'Utrecht et par ceux de 1815.

Il est temps pour la France d'avoir sur le continent, pour alliée, une puissance de premier ordre, dont les intérêts se combinent avec les nôtres et qui pèse avec nous sur les événements, le jour où l'Allemagne tentera d'accomplir son unité. Il est temps, en un mot, d'avoir pour auxiliaire une puissance qui tienne, sur les champs de bataille, la place qu'ont occupée la Suède et la Turquie.

La Russie, en héritant de l'influence de ces deux États dans le nord et le sud de l'Europe, a aussi reçu en héritage un rôle d'antagonisme vis-à-vis de l'Allemagne, qui est

____

(1) Ce n'est pas le traité de Vienne de 1738 qui a donné la Lorraine à la France ; presque enclavée dans notre territoire par la réunion de l'Alsace elle a été perdue à jamais pour l'Allemagne le jour où a été signé le traité de Westphalie.

dans la nature des choses, et qui découle d'une situation géographique analogue.

Efforçons-nous donc d'obtenir de la Russie, dans l'intérêt de l'infortunée Pologne comme dans le sien propre, des concessions commandées par la clémence et la saine politique, mais ne nous laissons pas aller aux velléités d'une politique aventureuse, qu'il nous serait impossible de faire prévaloir, et dont la réalisation serait entièrement contraire aux véritables intérêts de notre pays.

La guerre civile, qui désole l'Amérique, annule la puissance de nos anciens alliés, les États-Unis ; n'allons pas augmenter les embarras de nos autres alliés, les Russes, par une attitude hostile, et nous aliéner les seuls alliés possibles de la France sur le continent.

MESNARD.

II

Paris, le 8 août 1863.

Les journaux qui veulent entraîner le gouvernement français dans une guerre contre la Russie, pour rétablir la Pologne, représentent l'Autriche comme disposée à unir ses armes aux nôtres, par le besoin qu'elle éprouve d'élever, dans une Pologne indépendante, une barrière entre ses populations slaves et la propagande panslaviste de la Russie. Ces mêmes journaux admettent bien les difficultés qu'opposent à une intervention armée de l'Autriche, l'état de ses finances, la situation de la Hongrie, la prudence traditionnelle du Cabinet de Vienne ; mais la nécessité pour l'Autriche du rétablissement de la Pologne, n'est pas même discutée : c'est un article de foi.

Supposons donc, qu'à la suite d'une guerre heureuse,

entreprise contre la Russie et la Prusse (¹) par la France et ses alliés, la Pologne proprement dite, la Lithuanie, la Podolie, la Volhynie, l'Ukraine et le duché de Posen, soient arrachés à ces deux puissances et réunis à la Gallicie que céderait l'Autriche, en un mot, la Pologne rétablie dans ses limites de 1772, avec une population de 23 à 24 millions d'habitants.

La Gallicie, qui devrait être cédée au nouvel État, présente, avec les Slovaques de la Hongrie, les Silésiens (Autrichiens), les Moraves et les Bohêmes, pour la population slave, un ensemble de 11 millions contigus les uns aux autres (²).

Examinons quelles sont les aspirations de ces peuples qui, par la Hongrie, touchent à l'ancienne Pologne (³).

On sait que la Bohême a été le centre de la réaction des Slaves contre le germanisme, commencée d'abord par des

(1) Nous n'admettons pas un seul instant que, dans la question polonaise, la Prusse, qu'elle soit gouvernée par M. de Bismarck ou que les radicaux y soient aux affaires, puisse séparer sa cause de celle de la Russie. Il suffit de jeter les yeux sur la carte, pour se convaincre que la conservation de la Pomérélie, qui unit la Prusse ducale à la Poméranie, est indispensable à la monarchie prussienne.

Sans la possession de cette province, les Allemands de l'ancienne Prusse ducale se trouveraient entourés de toutes parts des populations polonaises et ainsi séparés de l'Allemagne. On sait que c'est le besoin de faire communiquer l'ancienne province des chevaliers teutoniques avec la Poméranie qui a donné à Frédéric II la première idée du partage de la Pologne, et que ce complément de territoire est si nécessaire à la Prusse, que Napoléon Ier lui laissa presque en entier le lot qu'elle s'était adjugé en 1772.

(2) Tchèques }
Moraves } 6,132,000   Polonais...... 2,159,000
Slovaques }   Ruthènes 2,752,000
(Recensement officiel publié en 1857 par le gouvernement autrichien).

(3) Nous ne parlerons pas ici du groupe des Slaves Autrichiens du sud, chez qui on connaît la force du sentiment national et qui s'élèvent à près de 4 millions (recensement de 1857), mais qui sont séparés, par les provinces allemandes et la Hongrie, des Slaves septentrionaux de la monarchie.

travaux littéraires, et quel élan deux savants du pays, Palazki et Shafarick, lui ont imprimé. Il devait en être ainsi du pays qui a protesté contre la domination allemande, par la guerre des Hussistes et par celle de Trente-Ans. En 1848, quand le désarroi de la monarchie autrichienne permit à chacun des peuples qui composaient l'empire, de manifester ce qu'il avait au fond du cœur, la Bohême demanda et obtint de l'empereur Ferdinand une existence à part, l'égalité des deux langues tchèque et allemande, l'obligation, pour les fonctionnaires, de les parler toutes deux ; la Bohême dut former, comme autrefois, un royaume séparé ; l'archiduc François-Joseph (l'empereur actuel), fut nommé vice-roi de Bohême ; enfin la population slave refusa d'envoyer des représentants au Parlement de Francfort. On ne permit pas aux Allemands de Prague, terrorisés, d'y nommer un seul député (mars, avril, mai 1848). Puis vint le Congrès de Prague du 2 juin, auquel assistèrent des délégués de tous les Slaves de l'Autriche. L'Assemblée traça le plan d'un pacte fédéral entre tous les Slaves de l'empire pour la conquête ou la défense de leurs droits nationaux ; elle protesta contre le partage de la Pologne ; les Polonais de la Gallicie, réconciliés avec les Ruthènes, s'engagèrent à soutenir les Slovaques contre les Hongrois. *Ils promirent aussi, le jour de l'affranchissement de leur patrie, de s'unir aux Slaves de l'Autriche pour former une Confédération d'États slaves, sous le sceptre de la maison de Lorraine, etc., etc.*

Le Congrès continuait ses travaux, quand la haine des Tchèques des classes inférieures contre les Allemands amena une émeute qui dura cinq jours (14, 15, 16, 17 et 18 juin). Les troupes impériales, par leurs victoires, comprimèrent le mouvement slave. Depuis, les Bohêmes et les Galliciens n'ont cessé de protester contre la centralisation et la prépondérance de l'élément germanique dans l'empire : ils les combattent aujourd'hui au Reichsrath.

Quelle attraction une Pologne indépendante exercerait par la force des choses sur ces populations, auxquelles son sort, pendant le Moyen-Age, s'est trouvé plusieurs fois uni, et qu'une haine profonde anime aujourd'hui contre le germanisme ! L'influence d'une Russie oppressive, despotique et schismatique peut-elle être comparée à l'action dissolvante qu'exercerait une Pologne affranchie à la fois catholique (¹) et libérale, qui, après avoir enlevé la Gallicie à la monarchie autrichienne, attirerait encore à elle les Slovaques, les Moraves et les Bohêmes : car il ne faut pas reporter ses regards vers l'ancienne République de Pologne, si peu menaçante pour l'Autriche. Les idées de communauté et de solidarité de race n'existaient pas alors : elles ont pris naissance de nos jours.

Nous croyons pouvoir conclure de ce qui précède, que, si l'Autriche a intérêt à perpétuer la haine que les Polonais portent à la domination russe, et à favoriser des insurrections qui, comme celle de ce moment, éloignent pour des siècles la réconciliation entre les vainqueurs et les vaincus, rêvée par le marquis de Wielopolski, elle doit considérer le rétablissement de la Pologne comme le plus grand danger pour elle.

Notre pays, par conséquent, ne peut pas compter sur le concours du gouvernement autrichien dans une guerre d'affranchissement pour la Pologne : c'est là où nous voulions en venir.

MESNARD.

---

(1) Les Bohêmes, les Moraves et les Silésiens sont catholiques.

	Catholiques	Protestants	Juifs
Bohême..............	4,601,000	90,000	83,000
Moravie	1,784,000	51,000	41,000
Silésie................	396,000	64,000	—

(Recensement officiel de 1857).

Mémoire contre l'idée de la conquête des bords du Rhin

Le rapprochement de la Russie et de la Prusse, conséquence fatale de notre attitude inconsidérée en 1863, avait eu pour résultat le démembrement du Danemark en 1864, l'écrasement de l'Autriche et la destruction, au profit de la Prusse, de la Confédération germanique en 1865. Dans le mémoire suivant, on cherchait à conseiller au gouvernement français de suivre une politique prudente que les événements récemment accomplis lui imposaient plus impérieusement que jamais.

Paris, 25 Septembre 1868.

Nous nous proposons de réfuter ici le système de politique extérieure qu'un journal de Paris ne cesse de conseiller au gouvernement. Il nous suffira pour cela de rechercher quelles sont les véritables dispositions des populations qui bordent notre frontière. Nous commencerons par l'Allemagne, et nous essaierons tout d'abord de démontrer combien pèche par la base le raisonnement que ne manquent jamais de mettre en avant les publicistes qui préconisent le système des frontières naturelles ; nous voulons parler de l'argumentation qui repose sur la facilité avec laquelle la France s'est assimilé l'Alsace sous Louis XIV, et sur les regrets manifestés en 1814 par les provinces rhénanes, lorsqu'elles firent retour à l'Allemagne.

Le principe de la nationalité est pour l'Allemagne, comme pour les autres peuples, une idée toute moderne. Aux conférences de Munster et d'Osnabruck qui devaient amener le double démembrement du Saint-Empire au profit de la France et de la Suède (1648), tant de lieues carrées furent cédées aux puissances victorieuses, et « le droit de contracter des alliances avec les gouvernements étrangers » fut reconnu aux princes allemands, sans qu'une seule voix s'élevât pour protester au nom des intérêts généraux de l'Allemagne. Les populations elles-mêmes de l'Alsace ne manifestèrent guère d'autres sentiments que ceux qu'elles auraient montrés, si elles avaient été attribuées au comte palatin ou à tout autre prince allemand. Nous avons recueilli un précieux témoignage sur leurs dispositions dix ans après le traité de Westphalie dans la correspondance de Colbert avec son frère Colbert de Croissy, nommé intendant de l'Alsace en 1658. Cette correspondance ne trahit aucune inquiétude sur les tendances de cette province ; Colbert se borne à engager son frère (25 juillet 1659) « à veiller à ce que le clergé use de son influence pour que ces peuples deviennent bons Français. » Dans une autre lettre écrite quelques jours après (1er août 1659), il lui prescrit « d'empêcher toute exaction, étant nécessaire de faire en » sorte, s'il se peut, que les peuples soient mieux traités en » Alsace que dans les autres provinces de l'Allemagne. »

Ce sont là les seules instructions relatives à ce point délicat, qui furent adressées par Colbert à son frère dans les deux années pendant lesquelles ce dernier occupa la charge d'intendant de l'Alsace. On le voit, rien dans les directions de Colbert n'indique de sa part une préoccupation sérieuse. Du reste, l'Alsace, depuis sa réunion à la France, *n'a pas cherché à se soulever une seule fois ;* l'invasion des armées impériales, en 1675, 1677 et 1702, ne rencontra qu'indifférence ou hostilité chez les populations de cette province, et la Révolution de 1789 a rendu l'Alsace à jamais française.

A la fin du siècle suivant, la Prusse, lors du traité de Bâle

(1795), montra le même oubli des intérêts allemands que
l'Autriche au traité de Westphalie : un article secret stipulait
« que la Prusse recevrait des indemnités dans le cas où la
» République française étendrait ses conquêtes jusqu'au
» Rhin. » L'opinion publique en Allemagne devait, du reste,
justifier par son indifférence, lors du traité de Lunéville
(1802), qui enlevait à la Germanie proprement dite près du
neuvième de son territoire, la politique du Cabinet de Berlin
en 1795. Quant aux populations dont l'Allemagne se séparait
si aisément, elles trouvaient sous la domination française
l'égalité civile, tandis que, de l'autre côté du Rhin, les
institutions de l'ancien régime continuaient à être en vigueur.
Les privilèges féodaux n'ont été abolis dans toute l'Allemagne
pour la première fois, on le sait, que par le Parlement de
Francfort en 1848. La facilité avec laquelle les populations
rhénanes acceptèrent la domination française ne trouve-t-elle
pas là une explication toute naturelle? Ainsi, nous le consta-
tons, il y eut, jusqu'à la chute de l'Empire français, à la fois
absence du sentiment national dans l'Allemagne indépendante
et dans les provinces qui en furent détachées. Le sentiment de
la nationalité devait naître des malheurs de la Germanie ; il
date de l'oppression que nous fîmes peser sur elle pendant la
période impériale et éclate en 1813. Depuis lors, chaque fois
que l'Allemagne se crut menacée, comme en 1840, ou que son
prestige lui sembla amoindri, comme pendant la guerre de
Crimée et celle d'Italie en 1859, ce sentiment doubla de force
et l'Allemagne aspira à une organisation qui la mît à l'abri de
toute ingérence de la part de l'étranger et lui permît de remplir
un rôle à la hauteur de son ambition. En 1848, lorsqu'au milieu
du désarroi des gouvernements, les populations allemandes
purent un moment se croire maîtresses de leurs destinées,
le Parlement de Francfort, élu par le suffrage universel,

tenta d'établir l'unité de l'Allemagne. M. de Bismarck, en 1866, n'a fait que réaliser, avec l'aide des armées d'un gouvernement impopulaire, la partie la plus pratique du programme de cette Assemblée. Aujourd'hui, les conventions militaires conclues le 26 août 1866 avec le Grand-Duché de Bade, le Wurtemberg, la Bavière, ainsi que l'union douanière du 8 juillet 1867, ont réalisé l'union de l'Allemagne (sauf les provinces autrichiennes laissées également en dehors par le Parlement de Francfort) dans les points les plus essentiels. A part le Wurtemberg, où le sentiment démocratique est hostile aux allures momentanément despotiques du Cabinet de Berlin, depuis la bataille de Sadowa, toutes les Assemblées électives ou les réunions populaires de l'Allemagne du Sud, si l'on veut aller au fond des choses, n'ont guère laissé échapper l'occasion d'affirmer leurs vœux en faveur de cette même unité.

Il n'y a d'opposition sérieuse à ces tendances que dans les capitales menacées, dans l'avenir, d'être reléguées au rang de chefs-lieux de province, et parmi la noblesse méridionale, qui comprend qu'à la Cour de Berlin, où souvent d'ailleurs elle n'aurait pas assez de fortune pour faire figure, son prestige moral ne saurait être le même que dans le palais des petits souverains dans le voisinage desquels ses propriétés sont situées. C'est là ce qui souvent a donné le change sur l'opinion publique dans l'Allemagne du Sud aux personnes qui n'étendent pas leurs regards au-delà des Cours. La moindre tentative de porter atteinte à l'intégrité de l'Allemagne serait, au contraire pour tout observateur attentif, le signal de la destruction des faibles barrières qui séparent encore les États du Sud de la Confédération placée sous la direction de la Prusse.

D'un autre côté, si les provinces rhénanes ont pu jouir

jusqu'en 1814, sous la domination française, des institutions issues de la Révolution de 1789, ces principes y sont en pleine vigueur à l'heure présente, et, sans entrer dans de plus grands détails, il nous suffira de constater que, sous ce rapport, elles n'ont rien à nous envier. Concluons donc que si l'Alsace, et plus tard les provinces du Rhin, ont pu se prêter à leur réunion à la France, lorsque le sentiment de la patrie allemande n'avait pas encore pris naissance et que ces populations trouvaient, comme en 1802, d'incomparables avantages à vivre sous nos lois, aujourd'hui que le sentiment de la grandeur de la patrie commune est gravé dans le cœur de tout Allemand, il serait insensé de vouloir tenter d'assimiler à la France les populations rhénanes, dont les sentiments, les traditions, les intérêts et le langage sont complètement étrangers aux nôtres.

Quand l'Autriche n'a pas pu parvenir à éteindre l'esprit de nationalité chez les douces populations de l'Italie, pas plus que chez les Slaves à demi-barbares qui habitent son empire, comment pourrions-nous prétendre transformer des populations qui ne le cèdent aux nôtres ni en lumières, ni en énergie morale? Une guerre heureuse ne pourrait qu'attacher à nos flancs, pour quelques années seulement, un peuple toujours prêt à la révolte et que l'Allemagne chercherait sans cesse à recouvrer.

II

Examinons maintenant quelles sont les compensations que nous pourrions trouver à l'unité allemande qui s'impose à nous avec la force du destin :

La Belgique est toute française par la race, la langue, les

intérêts, la religion et la position géographique. Le français est parlé par les classes aisées d'un bout de la Belgique à l'autre et par le peuple dans le Hainaut, dans les provinces de Namur et de Liège, ainsi que dans la partie orientale du Luxembourg ; il est la langue officielle, et à ce titre, enseigné partout dans les écoles. Qui ne sait que l'emploi du hollandais, imposé dans le Parlement et aux fonctionnaires, fut une des causes déterminantes de la rupture de l'union avec la Hollande en 1830. On a calculé que sur cinq millions de Belges, environ deux millions parlent notre langue ou le wallon, qui n'est qu'un patois français. Les provinces de la Belgique ont, les unes, comme la Frandre, fait partie de la France féodale ; les autres, comme le Brabant, le Hainaut, le Limbourg, les provinces de Namur et de Liège, sont restées pendant plusieurs siècles sous la domination de princes français, notamment sous celle des ducs de Bourgogne de la maison de Valois. Tout le pays a été enfin réuni à la France, de 1794 à 1814 : son passé se confond donc en partie avec le nôtre.

La Belgique, indépendamment de Mariembourg et de Philippeville dont la perte, par la France en 1815, ouvre aux invasions le chemin le plus court de notre frontière à Paris, la Belgique possède l'admirable port d'Anvers et tout un système de places, fortifiées pour la plupart par Vauban sous Louis XIV. A égalité de superficie, son sol qui équivaut comme étendue à un dix-huitième de la France, est couvert de trois fois plus de chemins de fer et de deux fois plus de canaux et de routes ; son industrie et son commerce ont une supériorité analogue sur notre industrie et notre commerce, toute proportion gardée. La prospérité des provinces belges ne date pas d'ailleurs de nos jours ; leur convenance pour nous n'avait pas échappé à Henri IV : il disait à Sully « qu'il s'accommoderait de l'infante d'Espagne, quelque vieille et laide qu'elle pût être, pourvu qu'avec elle il épousât aussi les Pays-Bas Espagnols. » Avec l'intuition du génie, Henri IV avait deviné l'avenir réservé au principe des nationalités et, jetant les yeux sur la Lorraine, la Franche-Comté et la Savoie, et enfin sur les provinces belges, il déclarait à Sully « qu'il consentait à ce que la langue espagnole demeurât à l'Espagne, l'allemande à l'Allemagne, mais il voulait que toute la langue française demeurât à lui. » Cette politique nationale devait être suivie par Richelieu, Mazarin, Louis XIV et Louis XV, qui réunirent à la monarchie l'Artois, 1642, la Flandre, 1667, la Franche-Comté, 1678, et la Lorraine, 1766. Il appartient au souverain qui nous a donné la Savoie de réunir la Belgique à la France.

Toutefois, il ne faut pas se le dissimuler, la Belgique veut en ce moment conserver son indépendance : en possession des libertés les plus étendues, le régime que la France a dû adopter au sortir de l'anarchie de 1848 lui est peu sympathique. Le gouvernement de l'Empereur, qui, devançant l'opinion et malgré les propensions des Chambres, a déjà accordé de si importantes concessions, ne peut que persévérer dans la voie libérale où il est entré et le jour où la France, dont le système électoral est déjà plus large que celui de la Belgique, jouira complètement des libertés qui doivent couronner l'édifice, la conquête morale de la Belgique qui trouverait en France un débouché si vaste aux produits de son industrie, serait bientôt faite et, dès lors, rien ne pourrait empêcher une union qui est dans la force des choses de s'accomplir.

D'ailleurs, plus le temps marche, plus l'Angleterre qui s'est montrée jusqu'ici décidée à empêcher la France d'occuper Anvers, se désintéressera des affaires du continent : un jour viendra peut-être où, moyennant le sacrifice des fortifications qui font d'Anvers une menace pour elle, la Grande-Bretagne acceptera le fait accompli. D'un autre côté, la Russie, dont les causes de dissentiment avec la Prusse iront en s'aggravant, comprendra qu'elle ne peut rien en Orient sans l'alliance française et de concert avec nous tiendra l'Allemagne en échec, si celle-ci tentait de s'opposer à un agrandissement auquel M. de Bismarck nous conviait indirectement, après la bataille de Sadowa, en nous engageant à nous unir à la Belgique, par des liens analogues à ceux qui rattachent la Saxe à la Confédération du Nord de l'Allemagne.

Plus la France affirmera hautement qu'elle ne prétend pas à un pouce du sol allemand, plus la réunion du Midi de l'Allemagne avec la Confédération du Nord sera retardée, et plus nous aurons chance de la faire coïncider sans coup férir avec la réunion de la Belgique à la France.

En nous résumant : nous croyons que nous devons avant tout rassurer l'Allemagne et, par l'extension progressive de nos libertés, disposer les esprits en Belgique à une réunion aussi conforme aux véritables intérêts de ce pays qu'à ceux de la France.

MESNARD.

Ce mémoire, dans lequel M. de Mesnard s'attachait à réfuter les idées émises par M. Emile de Girardin, fut adressé, comme nous venons de le voir, à M. le marquis de Moustier, Ministre des affaires étrangères, le 25 septembre 1868, c'est-à-dire quelques jours après la chute de la reine Isabelle II, qui a eu pour la France des conséquences si terribles.

Le maréchal Prim, chef du nouveau gouvernement Espagnol, cherchant avant tout un prince qui, par ses liens avec le Portugal, put faciliter dans l'avenir l'union des deux pays, la révolution espagnole devait plus tard, le roi Don Fernand II, l'ancien régent de Portugal, ayant décliné la candidature au trône d'Espagne, susciter celle du prince Léopold de Hohenzollern, marié en 1861, à l'infante dona Maria de Bragance, sœur de Don Louis Ier, roi de Portugal.

En 1869, M. le baron de Mesnard fut nommé secrétaire de la Légation de France en Portugal qui avait pour chef M. le marquis de Montholon, envoyé extraordinaire et ministre plénipotentiaire. M. le marquis de Montholon ayant demandé un congé pour se rendre en France, M. de Mesnard, arrivé à Lisbonne le 4 juillet, y remplit les fonctions de chargé d'affaires pendant les mois d'octobre et de novembre. Nous aurions été heureux de savoir si M. de Mesnard, pendant cet intérim, eut l'occasion dans les dépêches qu'il adressa à Paris au Ministère des affaires étrangères, de donner de nouvelles preuves de la clairvoyance et de l'indépendance que les mémoires, que nous publions, nous ont fait connaître. Malheureusement, les documents qui nous ont été communiqués ne comprennent pas son intérim de chargé d'affaires à Lisbonne en 1869.

Quelques mois après, le 4 juillet 1870, éclatait la candidature du prince Léopold de Hohenzollern qui devait amener çette guerre avec l'Allemagne, que M. de Mesnard, dès 1868, avait eu si à cœur de conjurer.

M. le baron de Mesnard, après avoir rempli encore à Lisbonne pendant plusieurs années les fonctions de secrétaire de Légation et celles de chargé d'affaires, s'est retiré de la carrière diplomatique lors du vote, par la Chambre des députés, des lois Ferry, qui étaient en opposition à la fois avec ses convictions de catholique et ses idées de liberté absolue pour tous les cultes.